DE LA CRISE DU JOUR,

ET

DE L'ORDONNANCE DU ROI

DU 5 SEPTEMBRE 1816.

Une circonstance m'a fait écrire, je l'ai fait de sentiment ; je désire que mes Lecteurs reçoivent de même un ouvrage que j'ai rédigé dans vingt-quatre heures ; d'ailleurs, j'ai besoin de leur indulgence.

DE LA CRISE DU JOUR,

ET

DE L'ORDONNANCE DU ROI

DU 5 SEPTEMBRE 1816;

PAR M. LE MARQUIS DE MANNOURY-DECTOT,

MEMBRE du Collége électoral du Département de l'Orne, Chevalier de l'Ordre royal de la Légion d'honneur ; Auteur de Découvertes dans les Arts ; Membre de la Société d'Émulation de Liége, de la Société d'Agriculture et de Commerce de Caen, et de l'Académie de la même Ville.

PARIS,

CHEZ { PETIT, DENTU, } Libraires, au Palais-Royal;

Et chez les Marchands de Nouveautés.

~~~~~~~~~~~~~~~~

1816.

~~~~~~~~~~~~~~~~

DE LA CRISE DU JOUR,

ET

DE L'ORDONNANCE DU ROI

DU 5 SEPTEMBRE 1816.

Lorsque le Roi a rendu son Ordonnance du 5 septembre 1816, l'attention publique signalait l'inertie du commerce, la suspension des travaux de main-d'œuvre, l'excessive cherté du pain et la misère du peuple, des propos que la malveillance répand pour le malheur de l'humanité, peut-être les intrigues de certains partis isolés de la masse générale de la société, et enfin une division entre le Ministère et la Chambre des Députés.

Dans une telle occurrence, on a encore attaché une grande importance au renvoi en sémestre d'une quantité considérable d'officiers de tous grades.

De là des espérances vaines ou des craintes mal fondées ; de là des écrits, des discussions et un trouble dans tous les esprits. Nombre de personnes crient à l'ingratitude, en se persuadant qu'elles perdront bientôt tout le fruit de leur dévouement ; d'autres s'agitent, se redressent insolemment, spéculent une faveur exclusive et cherchent à entrevoir l'avenir au travers du prisme de leur égoïsme ; la société est prise maintenant d'une fièvre éphémère qui ne peut être que de peu de durée.

La crise que nous éprouvons est-elle dangereuse ? non....

Existe-t-il une vraie conspiration ? Si l'on prend pour telles des opinions contraires au Gouvernement actuel, ou conformes à des intérêts particuliers, je dirai qu'il en existe mille, formées dans toutes les parties de la France, mais qui n'ont ni unité, ni ralliement, et dont l'influence produit aussi peu d'effet sur le corps social, que les vagues écumeuses de la mer sur un rocher immense fixé par le mouvement même d'un déluge universel. Croire à une conspiration dans notre situation présente, c'est croire à la destruction de la France. Pour qu'elle pût être entreprise, il faudrait que le Roi et les chefs du Gouvernement pussent penser et dire : « Nous méprisons témérairement les leçons de l'expérience ; nous avons » horreur de tout sentiment patriotique ; si les puissances étrangères cessaient d'être magnanimes ; si elles attendaient dans notre sein *des divisions indiscrètes*, pour en tirer un horrible parti et faire

» enfin disparaître la nation française de la liste des
» nations, nous sommes prêts à déchirer nos propres
» entrailles, en agitant les brandons de la guerre ci-
» vile. » Ainsi, par beaucoup de raisonnemens ana-
logues, il serait facile de démontrer à l'absurde qu'il
n'existe point de conspiration.

Il est vrai que de moindres considérations suffi-
raient bien, sans doute, pour tirer le canon de
détresse ; mais à celui qui vit au milieu de ses con-
citoyens, qui observe avec sagacité et sans préven-
tion, il me semble qu'il lui est facile de reconnaître
que la lutte qui vient de s'établir, et dont j'ai pour
but de prévenir les mauvais effets, n'est qu'une opposition dans le systême légistatif et administratif
à suivre pour affermir le trône des Bourbons, main-
tenir la Charte constitutionnelle, et parvenir plus
sûrement à la pacification intérieure de la France.
Les uns ne veulent ni formes, ni ménagemens révolutionnaires, ainsi qu'ils conseilleraient à un joueur
qui aurait perdu une grande partie de sa fortune,
de ne pas même jouer à des jeux innocens, afin de
ne pas faire renaître insensiblement une passion aussi
aveugle que désastreuse. Les autres, placés au milieu
de la multitude des hommes qui leur font connaître
chaque jour leurs besoins, leurs prétentions, leurs
craintes, et l'opposition de leurs opinions, trouvent
que s'ils accordaient tout à un des deux partis qui
divisent les Français presque en deux parties égales,

1 *

ils provoqueraient inévitablement une catastrophe qui entraînerait la perte de la France. Ils désirent donc, sous ce rapport, prendre des ménagemens et un langage qui ne blessent, quant au fond, aucun parti, et qui rétablissent la confiance générale. Dans cette diversité de sentiment, chacun est de bonne foi, et chacun est sincèrement l'ami de son Roi et de sa Patrie.

Passant à l'opinion publique : je trouve qu'il est incontestable que la grande majorité des Français est affectueusement attachée à la dynastie des Bourbons ; que cette majorité s'accroît chaque jour ; que les hommes de la révolution ont vieilli, se sont lassés en se détrompant, et enfin qu'ils ne demandent plus que du repos à l'ombre de l'olivier de la paix et du bouclier de la sagesse. Je ne parlerai pas des vieux défenseurs du trône, ils sont assez distingués par leur vertu secrète, leur misère honorable, et leur persévérance imperturbable au rétablissement de la Monarchie française. Quant à la jeunesse : ses années se sont composées et multipliées avec celles des événemens extraordinaires qui se sont passés sous leurs yeux, et leur sagesse devance la succession ordinaire du temps. Or, de cette disposition générale des Français, il doit naturellement en résulter la stabilité de l'ordre actuel des choses.

S'il en était différemment, qu'il serait douloureux pour les amis de l'humanité, de reconnaître que les hommes s'accorderaient si peu sur les plns chers intérêts! Comment, dans une même famille, on verrait le père royaliste et la mère buonapartiste, le fils jacobin et la sœur républicaine, tous combattant en adversaires, et courant incessamment vers leur ruine commune? S'il existait une telle famille, quel est le Français qui ne lui dirait point : cessez maintenant vos cruelles divisions, et resserrez entre vous les liens du sang! Ne vous apercevez-vous point que vos voisins profitent de vos querelles pour s'agrandir à vos dépends!.... Gardez-vous bien de les renouveller en vous reprochant vos torts! Rentrez en société avec des avantages égaux! Que l'indulgence et la discrétion cimentent chaque jour votre réconciliation! Mais surtout hâtez-vous de rassembler le faisceau de vos forces pour vous défendre au besoin. Considérons donc que la grande famille dont nous faisons partie a fait ce raisonnement, et qu'elle en a fait son profit.

Pour prouver que l'esprit des Français s'est remis sous l'empire de la sagesse, qu'il se dirige vers une réconciliation générale, qu'il se fixe au même système de Gouvernement; pour faire connaître que les haînes et les rivalités s'évanouissent, et que le dévouement au Roi et à la Famille royale devient un sentiment commun à tous les partis, j'examinerai l'opinion actuelle des Français dans l'état civil et dans l'état militaire.

Dans l'État civil.

Pour convaincre mes lecteurs que les Français ont dû être éclairés par l'expérience, je n'irai point présenter à leurs yeux, encore baignés de larmes amères, le tableau déchirant des désordres de la révolution. J'userai du même ménagement relativement aux fléaux que nous avons reçus de l'ambition de Buonaparte. Il n'est aucun Français qui ait pu oublier l'histoire de tels événemens, et ce serait une sorte de barbarie que de vouloir la retracer aujourd'hui. Je n'aurai donc aucun effort à faire pour convaincre que l'esprit révolutionnaire s'est entièrement éteint parmi nous ; d'un autre côté, nous pourrons prendre pour certain que le gouvernement républicain n'a plus de partisans, qu'il a été essayé, qu'il est reconnu impraticable, en raison de l'étendue de la France, et qu'il n'est plus qu'une vieille chimère.

Reste maintenant les partisans d'un Gouvernement constitutionnel et les partisans de l'ancienne monarchie. Avant le retour des Bourbons, ces deux partis n'avaient aucuns moyens de rapprochement : mais aussitôt que les Français ont pu obtenir, par cette auguste famille, une Monarchie et une Charte constitutionnelle, ils ont acquis tous les élémens d'une facile fusion d'opinions. S'ils ne sont point encore accordés sur certains accessoires, c'est qu'ayant été long-temps divisés ; ils n'ont point usé d'assez de confiance les uns envers les autres pour s'entendre et confondre à jamais leurs intérêts.

Les royalistes possèdent leur Roi : il est leur trésor et leur récompense ! Son cœur désirerait pour eux un sort plus heureux, que la rigueur des événemens refuse à sa bonté. Il est utile qu'ils considèrent que le Roi a été obligé d'établir un Gouvernement convenable à une nation divisée qui a changé d'esprit et d'état. Leur soumission à cette nécessité n'a pas seulement pour motif le respect qu'ils doivent aux volontés du Roi ; mais elle doit encore avoir en regard la considération du grand nombre relatif que composent les personnes qui ont participé modérément aux événemens en tout genre que nous avons éprouvés. Encore bien que le Roi soit pénétré de tout ce qu'exigerait une justice absolue, ainsi que le rétablissement de la religion et des bonnes mœurs, il sait aussi que trop de cette justice serait une imprudence et peut-être une injustice relative. Enfin, il pourrait dire : Je suis le Père de tous les Français ; si donc je heurte et repousse un des partis prépondérans, il serait possible que je ne régnasse plus que sur la moitié du cœur des Français. Il est d'ailleurs de mes devoirs d'éviter la guerre civile et de rassembler tous mes enfans sur mon sein.

Les constitutionnels ayant le Gouvernement qu'ils désirent, ne doivent pas craindre d'être exclus des avantages qui émanent de l'autorité royale., ils y ont les mêmes droits que les royalistes. Ils seraient bien coupables, si, par une défiance ou une jalousie funeste, ils cherchaient à ruiner les intérêts de leurs frères et de leurs compatriotes. Ils ont moins perdu par les événemens révolutionnaires ; qu'ils sacrifient donc de bonne grâce à la paix, en consentant, de leur côté, tout ce qui peut mettre les royalistes en sécurité, qu'ils cessent de regarder, d'un œil inquiet, le pauvre compagnon d'infortune du Roi, occupant comme lui un emploi public. Mais je m'aperçois que je donne des conseils pratiqués, que je fais un raisonnement que le sens commun dicte et que la raison avoue ; ce serait même taxer les Français de stupidité, que de supposer que leurs sentimens n'y sont point conformes. Je conclus donc que, dans l'état civil, la majorité des Français trouve des élémens de son bonheur et de sa réconciliatiou dans le Gouvernement de Louis XVIII.

Dans l'Etat militaire.

Il résulte du témoignage de tous les anciens amis du Roi, dans les différens corps militaires, qu'il règne une parfaite intelligence entre les émigrés, les Vendéens, les volontaires royaux et les militaires qui ont servi sous Buonaparte. Il n'est pas un de ces derniers qui ne brûle du désir de trouver l'occasion de prouver son dévouement au Roi : au Roi, qu'il aime, soit en raison de ses vertus privées , soit parce qu'il est le chef légitime d'une patrie qu'il a servie long-temps avec l'illusion de la servir réellement et honorablement : il n'en est pas un qui voulût le trahir.

S'il est vrai que les militaires en 1815 ont pu renverser le trône des Bourbons , faire violence à l'autorité législative et au vœu de la majorité des Français ; je dis présentement que ces mêmes militaires , en 1816, seraient devenus de puissáns et de fidèles défenseurs de ce trône légitime, par cela seul qu'ils ont desservi leur patrie, en écoutant la voix d'un ancien chef qui n'a prouvé qu'ambition et désordre dans sa dernière entreprise.

Aujourd'hui que les derniers événemens ont éclairé les militaires , aujourd'hui qu'ils ont la certitude d'être heureux sous un Roi qui veut protéger et multiplier leurs lauriers redressés, ils sont rentrés sincèrement dans les intérêts du trône et de la société. Alors devenus les défenseurs et les amis de l'ordre social , surviennent maintenant des conspirations ; arrivent l'usurpateur et ses prosélytes ; nos forces militaires sont là pour le maintien du bon ordre, pour la sûreté, l'honneur , la défense et la gloire de la France.

Le choix que l'on aurait fait précisément des fidèles partisans du Roi , dans les légions départementales , pour les renvoyer en semestre , ne pourrait point entrer dans le plan d'une conspiration, et il n'est point de nature à inquiéter les amis de la tranquillité. Les factieux n'auraient rien à en espérer, si toutefois il en existait encore! La loyauté et la fidélité militaire a repris tous ses droits, il importe peu à qui les intérêts du Roi et de l'Etat sont confiés ; je le répète, nos corps militaires sont incorruptibles.

Parmi les avantages généraux que je viens d'exposer sommairement, nous avons cependant beaucoup d'améliorations à désirer ; mais il faut les attendre du temps. Cessons donc de nous plaindre, pour avoir moins de sujet de plainte par la suite. La patience et la prudence amènent plutôt la justice que la précipitation et la turbulence. Evitons tout injuste soupçon, pour ne pas paralyser les bonnes intentions des personnes qui tiennent péniblement le timon des affaires.

Il y a temps pour dire la vérité et temps pour la
dissimuler.

Un seul mot en France agite et trouble la multitude des hommes qu'il est avantageux de laisser en sécurité, afin de ne point nuire au commerce, à l'industrie, aux spéculations, et de ne point arrêter les dépenses ordinaires des gens fortunés qui nourrissent le pauvre artisan. Toute inconséquence, relative à ce principe, fait prendre pour crise politique ou pour conspiration ce qui n'est, ainsi que nous l'avons déjà dit, qu'une nuance différente d'opinions. Nous en sommes encore au degré où les Français peuvent être d'un même sentiment, alors même qu'ils paraissent discordans, parce qu'ils conservent encore les formes du langage particulier de leur opinion, langage qui les blesse réciproquement plutôt par réminiscence et par antipathie que par l'idée qu'il exprime. Sous ces considérations majeures, invitons tous les hommes estimables et prépondérans à user de tous les ménagemens qu'exige notre convalescence politique : mais aussi, pour que personne ne se détermine à les négliger, mettons toujours en évidence et en vigueur les principes fondamentaux de notre réconciliation, venant au secours de tous les partis rentrés sous la même loi et animés des mêmes sentimens ! Reconnaissons de justes degrés dans les services ! Surtout, ne perdons point de vue que les Français sont avides d'honneur et de considération ; que si on leur veut accorder ces deux choses, ils feront tout pour obtenir l'un, pour conserver l'autre, et que la difficulté de notre franche pacification tient peut-être autant à cette noble ambition qu'à l'intérêt et la conservation des places.

De l'Ordonnance du Roi du 5 septembre 1816.

Je ne m'attendais point à cette Ordonnance ; elle m'a surpris, parce qu'en majorité, la Chambre des

Députés avait excité ma confiance et mon admiration. Je ne la blâmerai point, parce que les lumières du Roi et ses constans efforts vers notre bonheur, commandent à ma confiance autant que son autorité royale commande à mon respect.

Si cette Ordonnance pouvait avoir des suites funestes, j'aurais désiré les signaler au Roi aux dépends de ma vie : dès-lors qu'elle est rendue, je ne vois qu'un *objet à remplir* et qu'un *sentiment à inspirer.*

Un objet à remplir : en rendant cette Ordonnance favorable par de sages élections.

Un sentiment à inspirer : celui d'une entière confiance sur les événemens futurs, afin que la sécurité publique produise le calme nécessaire à la raison et à un juste discernement sur la moralité et le mérite individuel.

La société doit se soùmettre aux Lois, à la Charte constitutionnelle et à l'Autorité royale. Individuellement, elle n'a ni pouvoir législatif, ni puissance politique : toute discussion en ce genre lui est plutôt nuisible qu'utile ; elle doit s'en rapporter à ses Représentans en temps et lieu. Aussitôt qu'une Nation veut s'immiscer individuellement dans les affaires du Gouvernement, elle s'agite en désordre et devient séditieuse et révolutionnaire ; c'est ce qui nous est arrivé dans le long cours de nos trop célèbres malheurs, et c'est ce qu'il faut éviter avec tous les efforts d'un dévouement pur, généreux et patriotique.

Il s'agit d'un nouveau choix de Députés ; voilà donc la seule chose qui doit nous occuper, voilà le point sur lequel doit reposer le salut et la pacification de la France. Nous devons nous rassurer d'avance sur ce choix, et croire que le Ministère, après avoir signalé une des extrêmes de nos opinions, a pris toutes les précautions possibles pour nous garantir infailliblement d'un autre extrême, non moins redoutable.

Les Electeurs sont les premiers organes du peuple : ils ont envers lui des devoirs sacrés à remplir ; aucune affaire particulière ne peut les en détourner. Qu'ils considèrent que si la France pouvait être menacée de sa ruine, que si les intérêts d'un parti pouvaient être compromis, ce serait par le vice de leur choix. Quand il s'agit du bonheur ou du malheur de sa Patrie, on doit être vigilant, sage et rempli de sollicitude, et toute indifférence à cet égard serait criminelle. On ne peut donc point trop s'appesantir sur l'importance des Elections, je dirai même qu'il est impossible de l'exagérer.

Comment faut-il faire pour réunir les suffrages en faveur d'un bon choix de Députés ?

Je ne dissimulerai point que la chose est fort difficile ; car, ainsi que je l'ai dit ailleurs, il semble
que l'intelligence humaine diminue plutôt que d'aug-
menter, par la multiplicité des voix, dans les conseils
des hommes. Dans une assemblée électorale, la moin-
dre insinuation change la direction des suffrages, de
sorte que beaucoup de personnes faibles qui avaient
fait un bon choix dans le for de leur conscience,
sont très-étonnés de s'être laissé entraîner en faveur
d'intrigans qu'ils n'ont souvent ni jugés, ni connus.
D'autres, dans l'espoir d'être protégés au besoin,
n'accordent leur voix qu'à la fortune, au nom et au
crédit, et jamais au modeste et silencieux mérite.
Ainsi je pourrais noter beaucoup d'autres déviations
dans la direction des suffrages ; celles-ci suffisent
pour inviter MM. les Electeurs à se prémunir contre
toute impulsion étrangère. Ils doivent considérer que
leurs devoirs leur commandent impérieusement de
n'accorder leurs voix qu'à des personnes qu'ils esti-
ment et qu'ils connaissent ; alors ils auront fait beaucoup pour atteindre le but désiré.

Pour faire choix d'un Député, il ne suffit point
qu'il soit royaliste, il faut encore qu'il ait les con-
naissances nécessaires pour bien juger des intérêts
qui lui sont confiés, et pour les défendre avec succès.
Cependant il faudrait préférer les bonnes mœurs, la
probité, et la justesse du jugement, au savoir qui
n'offrirait point ces qualités. D'un autre côté, il faut

aussi éviter les exclusions , quand le talent, les mœurs
et la bonne conduite font excuser une opinion égarée.
Dans ce cas , la nécessité de ne confier le salut public
qu'aux vrais amis de la France , se modifie avec la
nécessité de rallier tous les Français et de les rattacher
à l'intérêt général. Il est important , dans un tel
choix, de discerner que notre législation doit être
mesurée sur le degré actuel de la civilisation et des
lumières de la nation française , et plus encore sur le
besoin d'une sage morale.

Dans l'analogie de nos opinions variées, il me
semble que l'on devrait prendre pour extrêmes celles
qui participent exclusivement de l'ancienne monarchie, et celles qui ont un rapprochement contagieux
avec le système révolutionnaire, afin d'en obtenir
une moyenne qui repousse également les abus de l'ancien régime et les horreurs du nouveau.

La révolution française a produit un choc perpé-
tuel d'opinions et de systèmes : faisons en sorte qu'un
si grand mal épure et éclaire nos idées. Hélas ! il est
bien tard de fixer le terme d'un tel trouble ! long-temps
entraînés par les passions, soumettons-nous sans retour à l'empire de la raison.

C'est donc la raison qui doit dicter nos choix dans
les assemblées électorales. Si elle dicte aussi nos prétentions près du gouvernement, nous devrons être
certains de faire cesser nos divisions et nos malheurs.

O ma chère patrie , que le sentiment de tes peines

m'a été difficile à suppprter ! Mère éplorée , tes enfans, pour s'être méconnus , ont souvent expiré sur ton propre sein ! il t'a fallu nourrir des peuples étrangers, leur livrer tes moissons , tes animaux , tes dépouilles , et dans leur nudité , voir mourir les tiens de faim et de misère ! Tes lions , égarés par la gloire , avaient compromis ton humain troupeau qui n'était plus composé que de victimes disposées au sacrifice. Que ton attitude a changé ! tu es devenue momentanément tributaire : souffre ton mal avec patience ; la sagesse peut seule te sauver. Je sais que tu es entourée d'une vaste mer dont les vagues , sans cesse répétées , tendent à miner tes rivages. Renforce-les avec soin , et repousse au large tout ce qu'elle pourrait y déposer d'impur et de contagieux. Sous l'empire de la justice , distribue également tes largesses à tes enfans, afin de prévenir leurs jalousies et leur désunion. Ainsi , ma chère patrie , tu retrouveras parmi eux des guerriers pour défendre tes frontières , et des citoyens généreux prêts à immoler leurs ressentimens , et à sacrifier leur intérêt personnel pour la conservation.

Que l'on n'imagine point que je veuille bassement et par adulation rabaisser la hauteur des circonstances présentes , et étourdir les amis du Roi sur les dangers qu'ils pourraient courir ; mes écits précédens font foi de mes principes et de mon caractère. Mon Mémoire du 25 Juin 1815 , à la Chambre des Représentans de Buonaparte, lorsque personne n'osait encore écrire, ma Déclaration écrite au Gouvernement de l'Usurpateur, de garder inviolablement le serment que j'avais fait à Louis XVIII, prouve assez qu'aucunes considérations humaines ne peuvent point me détourner de la ligne de mes devoirs.

En supposant que je fusse dans l'erreur, et que le trône fût menacé, pourrait-on soutenir qu'il fallût alarmer les Français et les armer contre le Roi même, sous le prétexte de le défendre ? Dans ce cas, que pourrait faire la Nation, alarmée par l'idée de nouveaux fléaux ? Elle ne pourrait que se décourager et agir moins efficacement pour sa conservation. Dès-lors que je me crois convaincu qu'il ne se prépare point en France une nouvelle catastrophe, je crois utile de communiquer mon sentiment aux gens de bien pour leur rendre l'équilibre et l'aplomb dont ils ont besoin ; je dois le dire avec plus d'intérêt aux méchans : car, d'un côté, c'est les empêcher de faire de vaines tentatives, et leur éviter le supplice qu'ils pourraient mériter ; enfin, d'un autre côté, c'est garantir la sociéte du résultat de leurs trames ténébreuses.

Oui, je suis sincèrement persuadé que la société n'a aucune crainte à concevoir sur ses intérêts et sa tranquillité. D'ailleurs, lorsque je me rappelle que l'armée de Buonaparte, trois jours victorieuse aux plaines de Fleurus, a été dissipée comme l'armée de Sennachérib ; lorsque j'ai vu Paris sauvé deux fois miracu-

leusement, confiant dans la *Providence*, je suis convaincu que le rétablissement du trône des Bourbons
entre dans son plan, et que toute conspiration échoue-
rait par l'endroit même où elle se serait le plus forti-
fiée. Ainsi donc, ma sécurité a physiquement son
principe dans le résultat impérieux des leçons de l'expérience, qui donne à notre nouvelle civilisation un
degré suffisant de maturité, et moralement elle a son
principe dans ma confiance à la *Providence*......
Divine Providence, tu veilles encore sur le digne
Souverain dont les malheurs seuls commandent à
l'amour de tous les Français. Ta bonté tutélaire me
rappelle l'invocation et le sentiment final des deux
sonnets qui me furent inspirés sur le catafalque de
Louis XVI, le 20 janvier 1816 :

MONARQUE infortuné, modèle des élus,
Les Français attendris célèbrent tes vertus,
Et demandent pour toi l'immortelle couronne.

Protège leurs destins auprès du Créateur;
Qu'ici bas chacun d'eux, imitant ton grand cœur,
Tempère ses passions, se rallie et pardonne.

PORTHMANN, Imprimeur, rue Sainte-Anne, n°. 43,
vis-à-vis la rue Villedot.